Nicolas SARKOZY

le manuel vaudou

Également disponible

K&B Éditeurs
ISBN : 978-2-915957-98-3

Pour l'édition française
Suivi éditorial : Caroline Bee et Guillaume Clapeau
Direction artistique : Jean-François Kowalski
Maquette : Frédérique Chapelle
Illustrations : Buenaventura

Imprimé en Chine / Printed in China
ISBN : 978-2-915957-99-0

Édité par **K&B Éditeurs**
19, rue de Liège — 75009 Paris — France
www.kandb.fr

YAËL ROLOGNESE

Nicolas SARKOZY

le manuel vaudou

K&B
JEAN-FRANÇOIS KOWALSKI
CAROLINE BEE ÉDITEURS

« La France ayant changé, ceux qui
réussissent sont les bienvenus ici.
Plus tard, je pourrai dire au moins
qu'en 2008, j'ai décoré Céline Dion ! »
Nicolas Sarkozy, le 22 mai 2008.

L'histoire de Nicolas Sarkozy commence comme un roman, au XVIIe siècle, dans une famille de fiers Hongrois. Autant vous dire qu'à l'époque, en Bohème et en Hongrie, on se les gèle sévère. Pourtant, en septembre 1628, la famille de Mihaly Sarközy a, au moins, de quoi se réchauffer le cœur puisqu'eux, petits paysans, viennent d'être anoblis par l'empereur Ferdinand II de Habsbourg, pour avoir bouté quelques Turcs envahissants hors du territoire. Et ce n'est déjà pas si mal. Mihaly, ivre de tant d'honneurs, choisit avec soin les armoiries de sa famille. Après quelques hésitations, il jette son dévolu sur un fringant loup brandissant un sabre, après avoir longtemps hésité avec une chèvre foulant le sceptre d'Ottokar… En 1754, c'est son petit-fils, Janos (*ndle* : et ses potes les ogranautes) qui accole à son nom celui de son domaine, sis à Nagy-Bocsa, près de l'ensorcelante cité de Kecskemét, dont le nom vous est aussi familier que les prénoms des candidats de la deuxième saison de « Loft story ». Ainsi naît la dynastie des Sarközy de Nagy-Bocsa. Né en 1928, le papa de Nicolas, Pál Sarközy, grandit à Alattyan où la famille possède des terres, dans l'ombre d'un paternel et d'un grand-père engagés dans les affaires de la ville voisine, Szolnok, à une centaine de kilomètres de Budapest. Pál est décrit comme un enfant beau et charmeur, plutôt entreprenant… du genre à attirer ses prudes petites amies derrière les framboisiers pour leur faire découvrir la fameuse brouette hongroise, un sensuel secret de jardinage qui se transmet encore de génération en génération, inaugurée avec son premier amour Eva Szöke, immigrée en Angleterre et devenue une actrice renommée dans les années cinquante.

Dans les années trente, Pál est envoyé dans un collège privé du Valais suisse, et à l'arrivée de l'Armée Rouge, au cœur du si joli printemps 1944, les Sarközy sont expropriés et fuient en Carinthie, un peu comme le roi et la reine à Varennes. À son retour, on est censé être en République, mais la vie n'est pas toujours comme l'on souhaiterait qu'elle soit... Craignant d'être envoyé dans les chaudes contrées de Sibérie, Pál s'exile vers la France, l'autre pays du fromage et des droits de l'homme, non sans faire un détour par Vienne le temps d'une valse, Baden Baden le temps d'une cure thermale, et Salzbourg le temps de chanter un des lieds les plus gracieux de Mozart tels le « Die Kleine Spinnerin ». Une nuit de beuverie, un recruteur de la Légion étrangère lui paye quelques verres. Entre deux renvois tonitruants, l'homme explique qu'il a besoin de bras musclés, d'hommes minces, beaux, aux grands yeux clairs, pleins de tatouages et sentant bon le sable chaud pour aller se faire massacrer à Dien Bien Phu. Ni une ni deux, Pál sera légionnaire, le plus beau métier du monde. Logiquement, il embarque pour l'Algérie et fait ses classes au camp de Fréjus et à Sidi Bel Abbès, la plus belle ville du monde. Maniement des armes, apprentissage du saut en parachute, confection de nems humains dans la boue, acceptation sans broncher d'insultes par ses chefs... Pál apprend tout, mais est réformé par un médecin d'origine hongroise qui imagine davantage le jeune homme dans les arcanes de la vie parisienne que sous les bombes de la péninsule indochinoise. Malgré ce couac dans le mythe du père ténébreux et aventurier, la légende familiale veut que Pál ait débarqué à Paris en 1948 l'œil torve et en guenilles. L'honneur est sauf.

Le chant du Danube

Intégré peu à peu dans la diaspora parisienne hongroise, Pál s'essaye à tous les petits métiers : livreur chez un vernisseur de films, maquettiste chez un architecte, petit marchand d'allumettes chez Andersen. Mais les deux activités dans lesquelles il excelle sont le dessin et la séduction. En juin 1949, il se retrouve à frapper au 46 rue Fortuny, délicieuse maisonnée d'un chirurgien réputé, le docteur Bénédict Mallah (la verge, bien sûr, puisque le docteur est un spécialiste en urologie...). On vous entend de là divaguer, chers lecteurs, et vous perdre en conjectures sur les raisons de la venue de Pál dans ce temple de la médecine rénale. Un kyste, une torsion mal placée, un rein en fer à cheval ? Rien de tout cela ! Il se trouve que l'aînée du docteur, Suzanne, devrait pouvoir lui trouver du travail et pourtant, ce jour-là, c'est sa jeune sœur Andrée Mallah, surnommée Dadu pour d'obscures raisons impliquant à la fois la franc-maçonnerie, Arielle Dombasle et Bernard-Henri Lévy, qui lui tape dans l'œil. Pál sait captiver son public et livre à la jeune étudiante en droit un récit romanesque à souhait qu'elle reçoit avec des étoiles dans les yeux. En homme plutôt pressé, il pense la séduire à vitesse grand V. Pour éblouir ce qu'il imagine déjà être sa future belle-famille française, il raconte que sa famille possède un château près d'Alattyan, des milliers d'hectares de terre à travailler, des danseurs de R'n'B pour les distraire et des elfes par centaines, loués à prix d'or au Père Noël chaque année en décembre. En fait de château, il ne s'agit que d'une dépendance du manoir de la ville, et en place du vaste domaine agricole et industriel évoqué, il n'existe que quelque 200 hectares de terres difficilement exploitables. Le cœur ayant ses raisons que la raison ignore, le docteur Mallah – parisien d'adoption, converti au catholicisme mais issu d'une famille juive séfarade chassée d'Espagne et exilée à Salonique – et sa femme Adèle – née à Lyon mais d'origine savoyarde – consentent dans un accès maniaque commun, à donner au jeune Hongrois la main de leur cadette. Les deux tourtereaux convolent ainsi le 9 février 1950. Le temps que Pál devienne un publicitaire reconnu, le couple est hébergé chez les Mallah où naissent trois beaux bébés aussi poupins que les hanches de Shakira : Guillaume naît un an après leurs noces et Nicolas quatre ans plus tard. Le petit dernier, François, naîtra en juin 1959 dans leur tout récent appartement de l'avenue Rachel, près de la place Blanche. Mais quelques mois après leur installation, alors que François n'est encore qu'un bébé, Dadu quitte son mari, coureur de jupons invétéré et père impétueux.

Le retour dans le 17e arrondissement se fait dans un calme relatif. Les enfants retrouvent l'odeur d'hôpital caractéristique du cabinet, au rez-de-chaussée de la maison du grand-père. À cette forte odeur d'éther répondent souvent les eaux de Cologne de quelques personnalités comme Jacques Villon et Paul Delval, ou la touche glamour du parfum entêtant de Joséphine Baker, autre fidèle cliente.

Quant à Dadu, elle a repris ses études et est devenue avocate au barreau de Nanterre où elle est connue pour ses ferventes convictions abolitionnistes. En septembre 1959, le général De Gaulle, devenu premier président de la cinquième République française, annonce la politique d'autodétermination en Algérie, mais le trio d'enfants Sarkozy n'en a strictement rien à secouer. Plutôt en âge de s'intéresser aux biscuits au chocolat ou aux tartines de Vache qui rit, et pour faire passer la pilule d'un père peu présent, ils sont très entourés par leurs grands-parents et leur tante qui les emmène s'empiffrer de sucreries le mercredi et manger du seigneur le dimanche. La semaine, ils étudient dans une école catholique, aussi délirante qu'une émission de Christine Bravo, dont ils surnomment l'aumônier Biquette. Le film *Génial, mes parents divorcent* n'étant pas encore sorti dans les salles obscures et les mœurs n'étant pas si libérées en ce début des années 1960 – et particulièrement au cours Saint-Louis de Monceau... –, les Sarkozy sont souvent montrés du doigt. Pour la peine, Nicolas n'est pas le dernier à chahuter et à sécher le catéchisme. Son comportement contraint

Dadu à lui faire faire son entrée en sixième au lycée Chaptal, dont il est rapidement renvoyé pour absentéisme et désordre. Pour la deuxième saison du feuilleton « Nico fait des études », il retourne au cours Monceau où il est, à son goût, trop souvent comparé à son aîné, ce qui a le don de l'énerver encore plus qu'il ne l'est déjà. Car en effet, Nicolas est le parfait opposé de son frangin. Guillaume est un peu monsieur Parfait. Responsable et agile, il aime les mathématiques, les épinards et le rugby, ne choisit pas entre les Beatles et les Rolling Stones, admire John Fitzgerald Kennedy, sent bon le savon à la vanille et est presque aussi beau que Georges Clooney. What else ? Nicolas, lui, préfère l'histoire, les saucisses et le Tour de France, hésite entre France Gall et Johnny Hallyday et voue une passion inaltérable à De Gaulle...

L'école est finie

Côté loisirs, on passe les week-ends à Orgerus, dans la maison de campagne où l'on rejoue « Trente millions d'amis » avec chats, poissons rouges, lions, baleines et gallinacé apprivoisé gagné à une tombola. Le lieu est bucolique, mais la maison sans chauffage ni télé. Par nécessité, on se ressource dans cet endroit qui « sent la campagne » et où il est « délicieux de se retrouver quelques jours autour d'un bon vin rouge et d'une terrine ». Autant dire que les fins de semaines se passent certes dans la joie et la bonne humeur, mais dans le trou du cul du monde où – et c'est bien normal – on s'emmerde grave. Heureusement que les trois mousquetaires peuvent se réfugier près du poste de la voisine et regarder « Les aventures de Rintintin », le seul berger allemand rescapé d'une attaque d'Indiens. Nicolas grandit comme tous les garçons de son âge : il déteste les légumes et le foie de veau, se retrouve affublé d'horribles pulls à pois et à rayures choisis par maman et s'arrange pour regarder les matchs de foot et les variétés à la télévision. Il nourrit également sa conscience politique assez jeune en dévorant tout ce qui a trait de près ou de loin à l'histoire de la Seconde Guerre mondiale. Les premiers engagements de Nicolas sont clairs : l'aversion pour le communisme et un titillement particulier pour le gaullisme de papi, qui était aussi philatéliste et radin.

En juillet, les premières mains baladeuses et flirts estivaux ont pour décor la plage de la Grande Conche et le quartier tout de béton vêtu de Pontaillac, à Royan. En août, Nicolas part en voyage avec sa tante et son grand-père pour les destinations les plus courues de la jet-set : l'Écosse, l'Italie, Biarritz et Saint-Sulpice-Le-Guérétois... avant de rejoindre avec Dadu la villa de richissimes amis de la famille à Saint-Tropez, chère aux gendarmes, à Brigitte Bardot et Tonya Kinzinger. Là-bas, Nicolas découvre le grand luxe dans lequel évolue la jeunesse dorée des sixties : piscine à débordement, plage privée, hors-bord hors de prix et cocktails à gogo. Chaque soir, le maître des lieux demande logiquement à Madame : *« Mais qu'est-ce qu'tu bois Dadu, dis donc ? »* Et elle de répondre invariablement *« Oasis, Oasis ! »* en se déhanchant frénétiquement. Comme de bien entendu. Ce n'est pas encore le yacht de Bolloré, mais ce n'est déjà pas si mal...

Allô papa bobo

À bien des égards, l'adolescence de Nicolas est belle et sucrée, extraordinaire et atypique. Le jeune garçon retient que, même si on en a une petite (taille), on peut être particulièrement charmant. Seule ombre au tableau : l'absence du père qui se contente d'un déjeuner hebdomadaire avec ses fils autour d'une pizza assaisonnée aux remontrances. Depuis que Pál Sarkozy a quitté le domicile conjugal, il n'a pas chômé, multipliant les conquêtes comme Jésus les pains. De son second mariage, il aura deux autres enfants : Caroline et Pierre-Olivier. Les enfants constituant une main-d'œuvre gratuite et malléable, le publicitaire n'hésite pas à utiliser sa propre progéniture pour vanter les mérites de telle ou telle marque, dont il a en charge la propagande. Ainsi, Nicolas se retrouve offert pour la première fois au public sur un paquet de lessive, dans la peau d'un garçon béat d'admiration devant le train électrique que la marque l'a aidé à s'offrir. Les débuts de la célébrité. En 1973, grand-père disparaît. La famille déménage dans un appartement clair et ensoleillé de la bourgade de Neuilly, la Naples française, où Nico

préfère s'acoquiner avec la pègre, évitant les habitants enfermés dans leurs maisons bourgeoises.

La même année, il obtient un bac B, sans mention – on ne va pas se fouler non plus – et s'inscrit en droit à l'université. Mais avant la reprise des cours, il entreprend avec son meilleur ami un road-movie à la *Thelma et Louise* en version poilue, de Paris à Istanbul à bord d'une antique Coccinelle, en traversant l'Allemagne, l'Autriche, la Yougoslavie, la Croatie et la Bulgarie. Au retour, il tient à faire un pèlerinage à Salonique... avec l'idée de récupérer une partie de l'héritage de ses aïeux pour venir en aide à sa mère, qui a franchement du mal à joindre les deux bouts devant l'indifférence pécuniaire de Pál. Pour payer ses études, lui-même emprunte et multiplie les petits boulots, de livreur de fleurs à manœuvre pour le glacier de Neuilly « La sorbetière », où il travaillera deux ans durant. Les boules (de glace, bien sûr). La couleuvre est d'autant plus difficile à avaler que son père mène à l'époque une vie de nabab, bien rémunéré par des clients prestigieux comme L'Oréal et C&A, ne pensant qu'à se gratter le ventre confortablement installé parmi ses bateaux, sa villa à Ibiza, ses macarons Ladurée, son appartement sur l'île de la Jatte, ses tableaux de maîtres et ses macaronis aux truffes périgourdines ! Nicolas aurait pu se droguer, tomber en esclavage, être séduit par des mouvements sectaires ou autres églises modernes prêchant la fraternité face à l'adversité. Il n'en sera rien. Quoique. Il se réfugiera à l'Union des démocrates pour la République.

L'apparition

Par une matinée de 1974, Nicolas slalome sur les trottoirs de Neuilly entre les crottes de chien et les veuves pleines aux as. Appelé par les anges gaullistes faisant la ronde autour d'un local, il frappe à la porte de la permanence de l'UDR. À cette époque, Georges Pompidou a comme un petit coup de mou à la tête de l'État. Giscard tient les cordons de la bourse et Chirac, après avoir tâté quelques pis au ministère de l'Agriculture, contrôle les baïonnettes à l'Intérieur depuis le mois de mars. À la disparition de Pompidou, à qui l'on rendra hommage en érigeant une verrue métallique en plein centre de la capitale, son successeur désigné devrait être Jacques Chaban-Delmas, homme d'ouverture bien que bordelais. Nicolas se rend même à l'un de ses meetings de campagne à Boulogne où il croise Malraux, Debré et le fameux idéologue Guy Lux. Impressionné par les colliers de fleurs et émoustillé par les milliers de bisous donnés lors de cette parade, il se lance en politique. C'est décidé, il sera le *best of the best* des militants, le *greatest hits* des jeunes UDR, le Elvis Presley gaulliste. Le meilleur d'entre nous, quoi. Pourtant, Chaban doit compter avec un sérieux concurrent bien décidé à ne pas se laisser conter fleurette : l'accordéoniste fou Valéry Giscard d'Estaing, soutenu par Chirac. Cet appui étonnant a été soufflé à Chirac par Pierre Juillet et Marie-France Garaud, les Placid et Muzo des coups tordus, sortes de Richelieu et Milady de Winter contemporains (*ndle* : Edgar Faure les surnommait « les Médicis », ce n'est pas par hasard). Le 16 mai 1974, Giscard entre donc à l'Élysée, et place Chichi à Matignon.

Du côté de Neuilly, nulle surprise à ce que le si jeune Sarkozy se fasse léchouiller les pieds par une armée de fantassins Giscardiens tout aussi jeunes. Mais, aussi fidèle que le chirurgien esthétique de Mickey Rourke, Nicolas demeure UDR et se glisse avec délices dans les habits d'orateur antique, un jour défiant les gauchistes à la fac et le lendemain organisant la présence gaulliste au sein de sa ville. Au cœur du pouvoir, le très raffiné Charles Pasqua, surnommé dans les hautes sphères « le Demis Roussos de la bouillabaisse », a pour rôle de « chiraquiser » l'UDR. Profitant d'un séjour aux Antilles de Giscard pour lui faire boire un punch-coco empoisonné, Chirac prend la direction du parti. Suivant la voix de son maître, Nicolas Sarkozy suit le même schéma à Neuilly, où il se porte candidat au poste de trésorier de la section à la barbe de Philippe Grange, pourtant un des gaullistes neuilléens les plus implantés et les plus imberbes. Sarko prend déjà exemple sur Chirac, comme dans un remake gaulois de *Star Wars* qui verrait le Premier ministre affirmer « Nicolas, je suis ton père » (*ndle* : à lire, pour bien faire, avec la voix de la sémillante Jeanne Moreau).

En 1975, Nico a vingt ans et Neuilly n'est pas assez grand pour notre graine de Rastignac. Il a déjà repeint en bleu la permanence de la ville et s'investit plus que jamais dans le militantisme local ; que peut-il faire de plus ? Son omnipotence en énerve beaucoup et l'on se demande où s'arrêtera ce petit Pol Pot en culottes courtes, au look aussi improbable que son ambition est dévorante. Dans l'attente d'une réponse, le principal intéressé continue sa course. Pour conquérir Paris, il lui faut séduire Robert Grossmann, l'homme qui a été chargé de reconstruire le mouvement des jeunes gaullistes. Petit à petit, il monte les échelons du mouvement. Certes, on écorche encore son nom, mais bon, il y a des circonstances atténuantes parce que franchement, Sarkozy, ce n'est pas un nom bien de chez nous, n'est-ce pas ?

That 70's show

Nicolas endosse avec panache le rôle du jeune loup dans les bergeries télévisées, friandes de chair fraîche. Il réussit son baptême sur France 3, la seule chaîne sponsorisant les maisons de retraite et Julien Lepers, et prend la parole aux assises départementales de l'UDR dans les Hauts-de-Seine, puis à Nice où il est poussé sur scène par Chirac lui-même (ou peut-être était-ce par Jean Dujardin ?). « Je suis jeune, mais comme vous je suis gaulliste, car je sais qu'être gaulliste, c'est être révolutionnaire » proclame-t-il déchaîné à la tribune, réveillant la foule endormie suite au discours de Debré. *Hasta siempre comandante !* Après cette confession de foi risquée publico-coco, le délégué départemental des jeunes se sent revigoré et tape dans l'œil d'Achille Perretti, non pas un clown italien à la solde de Berlusconi, mais bien le maire de Neuilly. Quelques jours plus tard, hosanna ! Dieu le reçoit au plus haut des cieux (*ndle* : vous remarquerez que Jésus Christ et Jacques Chirac, à défaut d'une couronne d'épines chacun, possèdent les mêmes initiales). De cette première rencontre avec LE Jacques Chirac, Nicolas ne se souviendra que de la patte folle du Corrézien, qui a pour sale habitude lors de ses entretiens de remuer la jambe avec entrain sous son bureau. Depuis, il faut arborer ce tic pour le séduire. Carla Bruni l'a bien compris, elle qui lors de ses concerts parisiens au Trianon, assise sur son tabouret la guitare à la main, ne pouvait empêcher l'une de ses guibolles d'avoir la tremblote !

Pour le maître, Nicolas organise en juin 1976 des assises des jeunes colorées, dont un spectacle de clôture parfait avec Thierry Le (joyeux) Luron, Nicolas (Lou) Peyrac et Joëlle, la chanteuse des pollutions nocturnes (*ndle* : celle qu'« on a rêvé si fort que les draps s'en souviennent », pour ceux qui ne connaîtraient pas par cœur leur Il était une fois). En guise de remerciement, Chichi donne une dînette à Matignon et entre deux bouchées, murmure à l'oreille de Nico qu'il le fera un jour ministre. Jacquot ayant chanté tout l'été ne se trouve pas si dépourvu quand il s'agit de démissionner de son poste de Premier ministre, laissant la place en août 1976 à Raymond Barre, le nounours atteint de trypanosomiase. Quelques mois plus tard, Chirac lance l'appel d'Egletons (à la Catalane), pâle copie du 18 juin, qui précipite la formation du RPR en décembre. En première partie du show fondateur, Sarkozy prononce le discours de soutien des jeunes à Jacques. En 1977, Chirac est élu maire de Paris alors que Sarko obtient, contre toute attente, le poste de secrétaire de la circonscription Neuilly-Puteaux et devient le plus jeune conseiller municipal de Neuilly. Il signe aussi un contrat pour faire partie du boys-band formé par Pasqua aux côtés de Patrick Devedjian, Patrick Balkany et Roger Karoutchi. Aïe ! Aïe ! Aïe !

En 1978, Nico arrache une planque de premier choix pour un service minimum, délaissant ses obligations militaires traditionnelles pour simplement passer la cireuse en matinée dans l'entrée de la caserne Balard. Le futur roi de la réforme est donc réformé mais obtient une licence de droit, à laquelle il ajoute une maîtrise de sciences politiques sous la direction d'un des papes de l'histoire contemporaine, René Rémond, avec un sujet sur le référendum d'avril 1969. Il reprendra ce sujet en DEA : habile feinte, presque aussi vieille que Roland Dumas, qui permet de se la couler douce une année de plus en empochant les bourses. De ce mémoire, il retient la fable œdipienne qu'il est possible de tuer le père si l'on est considéré par l'opinion comme son successeur légitime. Il saura en faire bon usage. « Place aux jeunes en quelque sorte », chantait Brassens. Nicolas persiste et entre à Sciences Po directement en deuxième année en faisant un double six. À l'IEP, il y a tout plein d'étudiants pas très bronzés, qui lisent la presse quotidienne en buvant leur Benco et apprécient l'autocongratulation. Plus tard, ils deviendront commissaire aux comptes, professeur émérite ou ambassadeur lèche-cul. Ils auront de l'argent, beaucoup d'enfants et autant de maîtresses, mais ne seront pas pour autant heureux... Nico, lui, regarde ce monde étrange avec un mélange sucré-salé d'envie et de mépris. Il y rencontre Laurence Parisot et Jean-Luc Lahaye (attention, un intrus s'est glissé dans ces nouveaux amis, saurez-vous le retrouver ?). Malgré les meilleurs résultats, il ne décroche pas son diplôme en raison d'une note vexatoire, et éliminatoire, en anglais. Dommage pour ce fan de l'Oncle Sam.

Avocats & associés

En 1981, alors qu'on tente d'assassiner Ronald Reagan outre-atlantique et que Michel Sardou chante « Les lacs du Connemara » sans être inquiété, Chirac se présente aux présidentielles. Mais le printemps est socialiste. Voici venue l'ère mitterrandienne, le temps des rires et des chants, des monstres gentils et des enfants heureux, sauf Mazarine qui joue encore à cache-cache avec *Paris Match*. En septembre, Nicolas obtient son CAP d'avocat. Il entre dans le cabinet de maître Danet, un ami de maman. « Fayot ! Pistonné ! », lui crient les enfants des rues en crachant sur son hermine. Malgré ces insultes, il épouse en septembre 1982 Marie-Dominique Culioli, dynamique militante aux airs de vierge saint-sulpicienne, fille d'un pharmacien corse de Vico, et donc roi de la pomme de terre à ses heures. Il est promu associé

de ce cabinet qu'il quittera en 1987 pour s'associer près de six ans avec deux collègues de sa génération, Arnaud Claude, le fils de madame, et Michel Lebovici (ci, l'amoroso). Mais déjà, Nico a de la suite dans les idées et contacte la secrétaire de Jacques Attali, se présentant comme un jeune avocat gaulliste rêvant de devenir président de la République et demandant audience. À l'époque, Attali l'accueille. Il ne sait pas qu'il reçoit Attila.

Nicolas n'a pas 30 ans, mais devient adjoint au maire de Neuilly qui, à 70 ans passés, prend doucement le chemin du sucrage de fraises. Or, le 14 avril 1983, après avoir avalé quelques Tuc soufflés au cours d'une réception de l'ambassadeur de Corée, Achille est victime d'un arrêt cardiaque. Pasqua se met vite sur les rangs mais Nico, chargé de la primaire au sein de la droite pour la succession, fomente son propre avènement en faisant un tête à queue à Charly et en convainquant la plupart des conseillers municipaux de l'élire. On lui prête alors ce mot d'une poésie rare : « Je les ai tous niqués ! » Peretti est mort, vive Sarkozy ! Ce dernier reprend vite les affaires courantes, privilégie son mandat local à ses ambitions nationales, serre le maximum de mains possible (à la chiraquienne), tente de n'oublier les noms d'aucun de ses concitoyens, est de tous les événements et sait tout ce qui se passe aux quatre coins de sa ville, de la dernière voiture vendue par François Valéry en passant par la dernière limo achetée par Martin Bouygues. Mais il part avec deux handicaps de taille : il vient de réaliser un putsch retentissant et il est jeune. Pourtant, il se rend indispensable, passe une nuit par mois à patrouiller aux côtés des policiers, transforme la ville en construisant parkings, baraques à frites, locaux pour associations de Hula hoop ou ateliers d'écriture pour familles payant l'ISF. Même s'il omet de créer quelques logements sociaux, il réalise le très attendu enfouissement partiel de l'avenue Charles de Gaulle à Neuilly, sorte de mur de Berlin divisant jusque-là la bourgade en deux. Après quelques mois de quarantaine, il regagne l'affection de Pasqua et se taille la part du lion en devenant conseiller régional des Hauts-de-Seine, puis conseiller général.

Le 10 août 1984, alors que l'Union soviétique et treize autres pays boycottent les Jeux olympiques de Los Angeles, Nicolas institue sa propre compétition : piquer, le jour de son mariage, la femme de Jacques Martin, animateur du petit écran, quinquagénaire bonhomme à la faconde aussi spirituelle que virulente. Elle, c'est Cécilia Ciganer-Albeniz. Un nom de princesse ibérique sentant bon le chorizo et les calamars à la plancha. Elle a vingt-cinq ans de moins que celui qu'elle épouse ce jour-là et Nico, qui préfère décidément l'école des femmes à celle des fans, a franchement du mal à célébrer le mariage tant il est troublé par le charisme de cette ancienne mannequin qui, après avoir failli convoler avec un photographe de *Vogue*, s'est laissée séduire par le fondateur Pygmalion du « Petit rapporteur » aux côtés de Stéphane Collaro, le meilleur élève à ce jour de Nadine de Rothschild.

Envoyez les faire-part

Il était temps pour la belle et la bête de se marier puisque quelques jours plus tard, Cécilia accouche d'une petite Judith, dont Nicolas devient le parrain. Chez les Sarkozy, Marie-Dominique donne à Nicolas deux enfants aux noms d'évangélistes, Pierre et Jean. En 1987, Cécilia accouche d'une seconde fille dont la marraine est toute désignée : ce sera Marie-Do, sa grande amie. Échange standard. Les deux familles se reçoivent, passent des vacances ensemble et s'apprécient peut-être un peu trop. Le charme de Nicolas fait le reste. Cécilia succombe. Du coup de foudre romantique à la passion torride, il n'y a qu'un pas. Mais la belle histoire tourne au vaudeville au printemps 1988 à Megève. Ce jour-là, Auchan est fermé. Marie-Dominique rentre plus tôt des courses et surprend le couple. À défaut de lapider Cécilia, Jacques Martin divorce et profite de ses émissions dominicales pour lancer des piques à son ex-femme. Si la vie privée de Nicolas ne regarde que lui, son parcours politique est plus subtil. Au conseil général, il se bat pour préserver les crédits affectés au théâtre des Amandiers. Sans lui, nous n'aurions pas eu la chance de voir Jane Birkin dans *La Fausse Suivante* de Marivaux, et cela aurait été nettement moins drôle !

Dans un autre genre, il réussit le tour de force d'imposer la venue de Madonna à Sceaux alors que le maire de la ville ne veut même pas en évoquer la simple possibilité. Nicolas fait ami-ami avec le producteur Jean-Claude Camus et organise ce concert géant. Madonna, il s'en contrefout. En revanche, il ne sait que trop bien ce qu'il peut tirer d'un tel événement. Le 29 août 1987, c'est donc en partie grâce à Nicolas Sarkozy que la madone jette sa culotte à quelque 130 000 spectateurs en liesse. La veille, elle est sortie de sa retraite dorée du Crillon pour rencontrer Chirac. Escortée par une escouade policière, la berline allemande noire évite les poteaux du pont de l'Alma et la dépose à la mairie. Elle en ressort épuisée une demi-heure plus tard après avoir remis un chèque de 500 000 francs à Line Renaud, aussi heureuse qu'une gagnante du Loto qui sait qu'elle va enfin pouvoir s'acheter le chien de ses rêves dans la vitrine, larguer son mari et quitter Armentières ! Chirac remercie la star dans la langue de Molière. La madone ne pipe mot, mais se laisse faire un bisou au bon goût de tête de veau par Jacquot. Le lendemain, dans les gradins, Nicolas rencontre Claude Chirac, qui deviendra une intime. Il sera témoin à son mariage avec Philippe Habert en octobre 1992, mais, comme tout homme de pouvoir qui se respecte, il saura la lâcher en temps utiles, comme une chaussette de foot un peu trop usée.

Pour l'heure, il faut renouveler l'Assemblée. Les places sont chères dans le département et Nicolas est contraint de jouer les seconds couteaux alors que la droite est en passe de faire de bons scores, ce qui le ravit. Après avoir ressuscité le scrutin à la proportionnelle, Tonton limite intelligemment la casse à gauche, tout en offrant une trentaine de sièges au Front national. Bien vu. Chirac est nommé

Premier ministre, mais le triomphe conservateur est loin d'être aussi éclatant qu'on l'imaginait. Alors qu'Édouard Balladur est nommé à l'Économie et aux Finances, Charles Pasqua se débat à l'Intérieur, rapidement en disgrâce après quelques erreurs de communication qui ont fait de lui le saint patron d'une police un brin virile et expéditive. Pour lui mettre du baume au cœur, Sarkozy organise rien que pour lui une petite sauterie entre militants dans les Hauts-de-Seine avec quiches lorraines et crocodiles gélifiés. Dans la jungle politique, Pasqua écrase une larme... de crocodile, et la récompense du louveteau ne se fait pas attendre. Nico est bombardé place Beauvau en tant que chargé de mission sur la prévention des risques majeurs et technologiques, sujet chaud bouillant depuis la catastrophe de Tchernobyl. La France a bien sûr été épargnée, puisque le nuage radioactif, n'ayant pas son passeport, n'a pas osé franchir les douanes alpines... À cette occasion, Nicolas étudie la sécurité des centrales nucléaires, mais aussi les conséquences écologiques dramatiques du répertoire de Didier Barbelivien sur le sol français. Il sera un missionnaire zélé jusqu'en mai 1988.

Ménage à trois

En 1988, Mitterrand est réélu en se la coulant douce. Bernadette pleure mais Nicolas, lui, est élu député de Neuilly. Dès lors, Chirac abandonne la présidence du

RPR et y verrait bien Édouard Balladur, le prince des privatisations, caricaturé par Plantu dans *Le Monde* en bourgeois sur une chaise à porteurs. Pasqua le prend plutôt mal et mène l'assaut de la forteresse, aux côtés du fantassin Séguin. Sarko convainc Doudou d'accepter son aide. Balladur mise sur une doctrine surprenante : le « libéralisme populaire ». Encore lui faudra-t-il arriver à faire accepter cette antonymie... A-t-on déjà vu le libéralisme accepté par les foules ? Le libéralisme populaire, c'est la réunification la plus historique depuis la chute du Mur. Ce serait comme affirmer que Jean-Marie Bigard est élégant ou que *Le Figaro* est un journal libertaire ! Mais ça ne fait franchement pas peur au nouveau duo. À cette époque, Chirac met tous ses œufs dans le même panier et s'enthousiasme pour Balladur, qu'il imagine déjà à Matignon. Sarko se voit ministre et apprend aux côtés d'Édouard à mettre quelques gouttes d'eau dans son vin. Avec Édouard Balladur, Nico bat la molle... Il s'ouvre au débat d'idées, crapote des cigares et découvre les plaisirs interdits de Deauville. Durant l'été 1991, il déclare ouvertement qu'Édouard Balladur ferait un bon Premier ministre. Et tous les sondages lui donnent raison.

De plus, Nicolas n'a pas renoncé à se faire adopter par Chirac. Il assiste à la mairie aux réunions du staff chiraquien, entre deux pommes, et fait partie des proches qui relisent ses discours. En 1989, il est d'ailleurs le directeur de la campagne triomphante de Giscard d'Estaing aux élections européennes. Comme quoi, l'union permet de gagner des batailles, hein !? Germe alors dans l'esprit tordu de quelques-uns, dont Sarkozy et Madelin, le rêve d'un grand parti d'union, sorte d'UMP avant l'heure. Dès 1992, Nicolas crée, avec la bénédiction du Seigneur Jacques, un groupe de soutien à la présidentielle de 1995, au-dessus du café de Flore, à quelques encablures des bureaux de Balladur. C'est donc officiel idéologiquement, amicalement, géographiquement, politiquement et stratégiquement : Sarkozy court deux lièvres à la fois. Ne voyant pas pour l'instant le péril de sa posture, il se présente fidèle à Balladur, futur Premier ministre, et à Chirac, futur président de la République. Mais l'ourson neuilléen n'a-t-il pas vendu la peau de ses pères avant de les avoir tués ?

La bombe humaine

Les législatives de mars 1993 sont emportées par la droite. Pas bien difficile de gagner quand les concurrents sont dans la déroute absolue. Le PS est embringué dans un paquet de fausses factures, la toute neuve égérie mitterrandienne, le Premier ministre Édith Cresson, est retournée planter des salades, Bernard Tapie est mis en examen – excusez la lapalissade – et plusieurs ministres se préparent à comparaître dans la tragique affaire du sang contaminé. Mitterrand accepte la défaite et accueille Balladur à Matignon qui s'entoure de Pasqua à l'Intérieur et de Juppé aux Affaires étrangères. Il annexe les principaux amis et collaborateurs de Chirac, accepte

le très cultivé Jacques Toubon et la vahiné Lucette Michaux-Chevry, mais récuse l'ancien athlète Guy Drut. Le Gouvernement n'est pas non plus un hospice pour anciens médaillés. Pourquoi pas proposer un ministère à Jeannie Longo tant qu'on y est ? N'empêche, Balladur vient de piquer tous ses jouets à Chirac et non content de le priver de sa cour, le pleutre empiète sur ses propres plates-bandes puisque, même s'il défend ses ministres de tout commentaire, il espère secrètement décrocher la timbale en devenant présidentiable.

Quant à Sarkozy qui attendait son heure, il est légitimement récompensé et se paye même le luxe de refuser tous les postes qu'on lui propose. Il choisira lui-même Bercy où le suivent Brice Hortefeux (de camp), Pierre Mariani (putes, ni soumises), Thierry Gaubert (aux grands pieds) et... Cécilia, miss Finances 93. Quatre ans auparavant, Nicolas a en effet décidé de quitter sa première épouse et de vivre au grand jour son idylle avec Cécilia. Alors que son compagnon est ministre, Cécilia dispose d'un bureau près de lui où elle tient tous les rôles : fleuriste, boulangère, organisatrice de dîners, coach, diététicienne et BlackBerry géant. Pendant les premières semaines, Nicolas est boulimique de travail. Il veut tout apprendre de ces séries de chiffres peu familières. Et il vaut mieux, car le royaume est dans la merde et l'économie en récession. Pourtant, un mois plus tard, c'est un tout autre événement qui va assurer la popularité du ministre du Budget. Nico croit pouvoir profiter des réceptions du ministère, tenir tranquille les cordons de la bourse et faire des coupes franches dans les budgets de ses camarades qui lui avaient mis des bâtons dans les roues.

C'est sans compter un forcené, qui, le 13 mai 1993, prend en otage vingt et un enfants et leur institutrice à l'école maternelle de Neuilly. Il est prêt à se faire sauter et réclame la coquette somme de 100 millions de francs. Avec le RAID, Nicolas joue au justicier masqué et sauve quelques bambins. Après des heures de négociations, l'homme est abattu et aucun enfant n'est blessé. Le ministre a dominé ses peurs et fait montre d'un courage à toute épreuve, même s'il évite de se comporter en héros dans les jours qui suivent. Pourtant, en bon porte-parole du Gouvernement, il met un point d'honneur à se mettre dans la poche les médias à coups de tutoiement, mots doux à l'oreille et massage de voûtes plantaires. D'autant plus qu'en juillet 1994, il récupère le portefeuille de la Communication, suite à la démission d'Alain Carignon. À la parole s'ajoute l'image : celle d'un homme combatif, sportif et attentif aux animaux. Tous les matins, Superman jogge sur les quais avec son labrador.

La fin du « chabadabada, chabadabada »...

Rien jusque-là n'est venu troubler l'état de grâce. Pourtant, il y aurait de quoi ruer dans les brancards : une réforme explosive des retraites du secteur privé, une augmentation exponentielle de la CSG, un franc qui ne sait plus vraiment où il en est, un chômage qui s'accroche au pays comme les Chinois aux trains d'atterrissage des avions. Chirac sent le vent tourner et l'ambition d'Édouard croître. Comme le nez de Pinocchio s'allongeait lorsqu'il mentait, Balladur a le goitre qui gonfle : le signe ne trompe pas. Pendant l'été, Balladur se retire à Chamonix et Sarkozy, contraint cette fois au choix fatidique, s'éloigne de Chirac. La rupture est consommée dans les coulisses du bureau politique du RPR. Jacques ose dire à Nicolas qu'il est cynique, Sarkozy monte sur ses grands chevaux (enfin, pas trop grands non plus, histoire qu'il puisse monter...) et c'est parti pour quatre ans de bouderie.

En décembre, Simone Veil et François Léotard se disent prêts à suivre Balladur au bout du monde. Mais suivre Balladur, c'est accepter l'ingérence de Sarkozy dans tous les coins. D'ailleurs, le Gouvernement se casse les dents sur le CIP. Ce contrat d'insertion professionnelle devait aider les jeunes à faire leurs premiers pas dans l'entreprise : un ticket gratuit pour aller se faire exploiter, avec la bénédiction de l'ANPE et de la République. Cinq semaines plus tard, l'exécutif capitule, comme en janvier 1994 où il abandonne la réforme de la loi Falloux, qui commençait pourtant à sentir le moisi depuis 1850. C'est le moment que choisit Jacques Delors, flagellé par sa fille et le trouillomètre à zéro, pour annoncer qu'il ne sera pas candidat à la présidentielle. Le dernier obstacle aux desseins d'Édouard disparaît, la voie est libre. C'est sans compter la capacité de mobilisation du RPR dans les moments les plus arides et l'arrivée de Ken (*alias* Dominique de Villepin) dans le staff chiraquien. Malgré une déclaration de candidature en demi-teinte pour Édouard, Sarko y croit toujours et jusqu'en février 1995, Balladur fait la course en tête. Tout va bien tant qu'on ne parle pas d'argent... Et là, c'est le drame. Stupéfaction : on découvre non seulement qu'Édouard est plein aux as, mais on le soupçonne d'avoir profité un temps d'un travail fictif et d'un salaire réel. *Le Canard enchaîné* se déchaîne. Coup de théâtre le soir du premier tour des présidentielles, Jacques Chirac se retrouve au second tour face à Lionel Jospin. Balladur obtient seulement 18,6 % des suffrages. La claque.

Bienvenue au goulag

En 1995, Nicolas, que les « Guignols de l'info » caricaturent en Belzébuth de bazar, a 40 ans et toutes ses dents. Il pense à arrêter la politique, tant il est tricard et conspué par les chiraquiens. Évidemment, il n'obtient aucun poste dans le gouvernement Juppé. En revanche, il accepte, sous le pseudo de Mazarin, de signer dans *Les Échos* un feuilleton épistolaire trashy-politique. Il s'amuse aussi à jouer les Spielberg en signant un scénario pour l'adaptation à l'écran de la vie de Georges Mandel, un homme politique dont lui seul semble se souvenir. Finalement, il est heureux.

Le 23 octobre 1996, il épouse enfin Cécilia, devant les plus gros requins de l'économie française – des amis, cela va sans dire – Bernard Arnault et Martin Bouygues. Quelques mois plus tard, Cécilia met au monde un royal chérubin prénommé Louis. De son côté, Alain Juppé accumule les bourdes : il badine avec Séguin, capitule face à la monnaie unique, augmente les impôts et, ultra sensible à la cause féminine, renvoie la plupart de ses « jupettes » comme l'on jette aux ordures de vieux meubles Ikéa. Il y a mieux pour faire se pâmer les foules…

Sarkozy entre alors en résistance, mais Chirac se savonne lui-même la planche. Un jour où il avait dû abuser de la Corona, il dissout l'Assemblée nationale. Cataclysme. Bye Bye. Finito. Hara-kiri. Niet. Kaput. À côté, le tsunami de décembre 2004 passerait pour de la gnognotte. En guise de ressac, Chirac ne réussit qu'à dérouler le tapis rouge à Lionel Jospin qui s'installe à Matignon. Sarkozy reste un des sept députés RPR réélus du premier coup. Au milieu des cartons, c'est un Nicolas revigoré qui propose à Alain Juppé de le nommer secrétaire général du RPR… mais Chirac s'oppose fermement au come-back du traître. Piqué au vif, Nicolas retourne illico sa veste et s'allie à Philippe Séguin. Double *fuck* pour Chichi, qui pensait les voir disparaître : il se retrouve avec les deux pour le prix d'un. Mais comme dans les alcôves des palais républicains, personne ne reste fâché bien longtemps, il y a du rabibochage dans l'air. C'est à qui de Nicolas ou de Jacques acceptera de téléphoner, chacun campant sur ses positions. Nicolas ne veut pas revenir à l'Élysée par la porte dérobée du fond du jardin et finalement, le président ploie. Le premier rendez-vous est aussi froid qu'un sourire de Bruno Mégret. La seconde rencontre sera la bonne. Chirac propose à Nicolas jus de papaye, Cacolac et saucisson, alors qu'il clouerait sur la croix quiconque laisserait des taches de gras sur son canapé. En janvier 1998, Sarkozy est adoubé secrétaire général du RPR.

Jamais mieux servi que par soi-même

S'ensuivent un scrutin régional difficile et des élections européennes en 1999 encore plus âpres. La droite est tombée sur un os, la gauche revit. Après la capitulation de Séguin, Sarko devient président du RPR par intérim et mène fièrement le parti, acclamé par les mêmes qui le bombardaient de bananes pré-mâchées deux ans plus tôt. Les militants oublient vite. Le couperet est sévère en juin 1999 et le podium se passe de commentaires : médaille d'or pour le Flamby briviste, François Hollande ; médaille d'argent pour le tandem gendarmo-souverainiste Pasqua/Villiers et médaille de bronze pour l'ami Nico. Le lendemain de la défaite, il est reçu à l'Élysée où Chirac le caresse dans le sens du poil pour qu'il quitte ses fonctions de président du RPR. Durant l'été, notre héros n'est plus que l'ombre de lui-même, cloué au lit par une sciatique et gêné par les états d'âme de Cécilia qui se sent abandonnée et rêve de quitter Paris pour ouvrir un gîte rural dans le Massif central. Finalement, il démissionne et redevient *« un homme libre qui va profiter de cette liberté pour tenter de donner un contenu moderne et précis aux valeurs qui doivent être celles de la droite. »*

Nicolas se met alors en tête de faire subir un lifting aux idées de la droite. Quelle drôle d'idée ! Si on était élu sur un programme, cela ferait belle lurette qu'on le saurait. Pour Sarko, c'est ceinture : il vise Matignon en 2002. Cependant, il fait une entorse à sa *rehab* médiatique en publiant en janvier 2001 un livre de réflexions, *Libre*, où il aborde tout : immigration choisie, délinquance des mineurs, décentralisation, argent, dadaïsme, école, culture, Corse ou sécurité. L'occasion de faire quelques Unes avec Cécilia et de revenir sur le devant de la scène, invité par Drucker à passer une après-midi sur le seul canapé du Paf qui sent le chien. Il est reçu avec les honneurs en Algérie et continue à convaincre ses pairs qu'il n'y a pas d'autre alternative en 2002 que de lui donner Matignon. En avril 2001, il se rapproche de Bernadette en glissant quelques piécettes jaunes dans son sac, alors que Jacquot, avec des étoiles dans les yeux, évoque pour le poste de Premier ministre, le nom de Jean-Pierre Raffarin, le Quasimodo de la Venise verte. Sitôt dit, sitôt fait puisque l'élection tourne à l'aigre : Chirac est élu contre Le Pen avec un score logique de dirigeant africain.

Nicolas devient le numéro 2 du gouvernement Raffarin, en tant que ministre de l'Intérieur, de la

Sécurité et des Libertés locales. À fond, à fond. Le soir même de son déménagement, il est sur le terrain à Bobigny avec les brigades anti-criminalité. Épaulé par Claude Guéant, son absolu opposé, modèle de calme et de mesure, il ne perd pas de temps, crée les Groupements d'intervention régionaux (GIR) et présente une loi sur la sécurité permettant une extension du fichage ADN. Avec Nicolas, bienvenue à Gattaca ! Il devient la coqueluche des députés et des médias en incarnant la rupture. Sa participation à l'émission télévisée « 100 minutes pour convaincre » en décembre 2002 réunit près de 5,8 millions de téléspectateurs. Le petit Nico qui rêvait d'être Johnny Hallyday est en passe de le devenir. Il aime les stars, les Français aiment les stars. Tant mieux, c'en est une !

Un pour tous & tous pour moi

Action, réaction. Avec Sarkozy, on fonce dans le tas, et peu importent les dommages collatéraux. En métropole, il soutient la mise en place du Conseil français du culte musulman (CFCM), réunissant toutes les branches de l'islam. Pour les insulaires, il a prévu de faire de la Corse un modèle de la décentralisation et part à la recherche du nouveau berger, Yvan Colonna. Il propose aux Corses un référendum le 6 juillet 2003 sur cette réforme. L'avant-veille du scrutin, Yvan Colonna est enfin arrêté et le peuple corse choisit le statu quo. Outre ses réorganisations des compétences administratives et territoriales, Nicolas s'invite tout autant chez Luc Ferry, dans les dossiers de l'éducation, que dans les affaires de Jean-Jacques Aillagon qui se précipitera quelques mois plus tard à Venise... Avec Sarkozy, fini également d'appuyer sur le champignon pour arriver plus vite au camping ; il multiplie les radars automatiques pendant vos vacances. On l'appelle quand les autres ministres ne s'en sortent plus. Il répare, recolle, reconstruit le dialogue ou impose fermement. Dès qu'un de ses camarades se permet de critiquer le fond ou la forme, il est invité à balayer devant sa porte. L'hôpital se moque de la charité et Sarko ne se dissimule plus. Fini la Compagnie Créole et « Le bal masqué » : le 20 novembre 2003, alors qu'Alain Duhamel lui demande s'il pense à la présidentielle le matin en se rasant, il répond qu'il y pense, et pas seulement en se rasant !

Quand le Gouvernement est accusé d'avoir laissé crever les vieux au cœur de l'été caniculaire 2003, Sarkozy passe entre les gouttes. Il est d'ailleurs élu « Homme de l'année » par *Le Point* et « Plus bel homme de la galaxie intersidérale » devant Albator et Snoopy dans *Le Journal de Mickey*. En janvier 2004, Alain Juppé est condamné par le tribunal correctionnel de Nanterre. Son aura en prend un coup et il s'exile au pays des caribous et du sirop d'érable. Aux élections régionales, la popularité de Sarkozy et Villepin ne suffit pas à faire oublier l'image déplorable de Raffarin. La gauche est de retour, mais Chirac s'entête. Les Français ne supportent plus Raffarin, et il leur en redonne. En mars 2004, au jeu des chaises musicales, Villepin gagne l'Intérieur et Nicolas devient ministre des Finances, juste le temps d'une grossesse. Quelques mois d'absence et plus rien n'est comme avant ! Il remet de l'ordre à Bercy, fait savoir qui est le patron et s'attaque à réduire les dépenses et donc le déficit, relancer la croissance et la consommation en dénonçant la hausse des prix. De même, il favorise la fusion entre Sanofi et Aventis, sauve Alstom et modifie le statut d'EDF-GDF. Quand l'État veut, il peut. Les bases du « Ensemble tout devient possible » sont posées.

Enfin... tout est possible, sauf obtenir la présidence du grand parti d'union de droite. Pour Chirac, il est hors de question que Sarko soit à la fois président de l'UMP et ministre. Beaucoup trop dangereux. De plus, Nico double le président avant sa traditionnelle interview du 14 juillet en faisant la couverture avec Cécilia de *L'Express* et de *Paris Match*. Chirac tape alors du poing sur la table, fait perdre quelques cheveux de plus à Patrick Poivre d'Arvor et assure : « Je décide, il exécute. » Nicolas choisira l'UMP.

Napoléon et Joséphine

Le 28 novembre 2004, Nicolas Sarkozy devient président de l'UMP à l'occasion d'une réception géante au Bourget. Le show est exceptionnel, Cécilia veille au grain dans les allées et se découvre un goût pour l'événementiel sous la houlette de Richard Attias, qui deviendra plus tard plus que proche et a organisé avec Publicis Events une fête à l'américaine, dans la droite lignée du show de Céline Dion à Vegas. Un peu plus et Nicolas montait sur les tables pour chanter « I drove all night ». Sur l'écran, les personnalités les plus modestes et sympathiques du show-business encouragent le président : Alain Delon, Michel Leeb, Michel Sardou et Christian Clavier. Pour terminer, un pur moment d'émotion : le petit Louis souhaite le meilleur à son papa. Dans les deux ans qui suivent, le parti gagne près de 210 000 militants, autant que le nombre annuel de victimes d'une intoxication alimentaire. Nicolas prend en main le parti, prépare un programme pour la présidentielle, trace une feuille de route pour la capitale, mais mise sur la mauvaise pouliche pour affronter Bertrand Delanoë, en désignant Françoise de Panafieu, qui voulait être le maire de l'essentiel et qui ne sera finalement le maire de rien du tout. En février 2005, Chirac le décore de la légion d'honneur, histoire de faire comme si leur relation était au beau fixe.

En mai, Nicolas fait ce qui lui plaît, mais en réalité c'est surtout Cécilia qui n'en fait qu'à sa tête. Tout semble sourire aux Sarkozy, mais la radio vipère est en marche : l'épouse découcherait et serait sur le point de se faire la belle. Le 19 mai 2005, elle part pour Roissy à bord de sa voiture et doit embarquer pour Pétra la troglodyte. Première info : madame Sarkozy a le permis. Deuxième info : Nicolas se retrouve tout seul. Comme une tuile n'arrive jamais seule, les Français refusent par référendum le Traité constitutionnel européen. Voici un sévère avertissement pour Jacques Chirac, qui se voit contraint de former un nouveau gouvernement. Face à la popularité grandissante du fils qu'il n'a jamais reconnu, il appelle Sarko à la rescousse au ministère de l'Intérieur. Celui-ci conserve la présidence du Conseil général des Hauts-de-Seine et cumule avec celle de l'UMP... tout ce que Chirac avait lui-même interdit devant la France entière. Le vieux loup perd de sa superbe, c'est bon pour Sarko.

Il reprend les dossiers, sans Cécilia à ses côtés, mais avec la bénédiction de Tom Cruise, qui en plus d'être scientologue, devrait être condamné pour avoir baptisé sa fille Suri. Il lutte pour la propreté des salons de jardin et des terrasses, déclarant en juin 2005, alors qu'il visite la cité des 4 000 à La Courneuve au lendemain de la mort par balle d'un enfant de 11 ans, vouloir « nettoyer » la banlieue au « Kärcher ». De même, il incite les préfets à la fermeté contre tous ceux qui mettent en cause la sécurité des Français. Preuve que son discours plaît : le 25 octobre, au cours d'une promenade sur la dalle d'Argenteuil, il est insulté et lapidé par des jeunes du quartier, telle une femme infidèle. Sous le regard des caméras, il reprend les termes d'un habitant qui l'invective de sa fenêtre : *« Vous en avez assez de cette bande de racailles ? Eh bien, on va vous en débarrasser ! »*. Parole de Nico. De même, après la mort de deux ados poursuivis par la police et réfugiés dans un transformateur EDF, des émeutes éclatent et Sarko défend la tolérance zéro face à cette simple expression de la « voyoucratie ».

Monsieur plus

En l'absence de Cécilia, cette politique musclée est validée par sa garde rapprochée Claude Guéant, Brice Hortefeux, son attaché (case) parlementaire Fred Lefebvre, Franck Louvrier, son opérateur téléphonique et maître *ès* communication, Laurent Solly, le sexy préfet et Rachida Dati, la sexy beurette. Mais le vaudeville continue puisque la belle réapparaît en août. Fausse alerte, Cécilia vient seulement récupérer ses shorts. Quelques jours plus tard, *Paris Match* fait sa Une avec une photo la montrant à New York avec Richard Attias. Alain Genestar, le directeur du journal, perdra sa place pour avoir osé ! Finalement, un voyage à l'Île Maurice à Noël semble pourtant recoller les morceaux entre Cécilia et Nicolas.

Franchement, la France a du mal à suivre son ministre de l'Intérieur. Mais le bon peuple n'a encore rien vu ! Dès 2006, il met en branle ses propositions de loi sur une immigration choisie, un texte sur la prévention de la délinquance et une nouvelle loi contre le port du jean slim. Il se risque également à un étrange procédé : débusquer les travailleurs de Roissy aux convictions religieuses les plus radicales. Là, ça dérape un peu... d'autant plus qu'un outsider a fait son apparition dans le paysage médiatique : Dominique de Villepin. Pompadour moderne, Premier ministre affûté, longiligne et poète, il a les faveurs de Chirac. Son ramage se rapporte à son plumage et à plus de 50 ans, il faut avouer qu'il est encore pas mal gaulé. Physiquement, Nicolas ne lui arrive pas à la cheville, au sens propre comme au sens figuré. Dans le fond et la forme, tout les oppose. Un match décisif pour la candidature aux présidentielles se jouera donc en cinq sets. La seule certitude, à l'inverse de Roland Garros, c'est qu'un Français sera en finale.

L'année 2006 est cataclysmique pour Villepin, qui doit faire face à la houle des jeunes en colère et retirer son célèbre CPE. Dominique doit aussi gérer les conséquences de l'affaire Clearstream, sombre imbroglio fondé sur une liste noire. Dans la tourmente, Sarkozy se fait curieusement silencieux, laissant son rival se débrouiller. Il se calme, rencontre Georges Bush une nouvelle fois en septembre 2006, plaisante avec Tony Blair et se rend au Bénin et au Mali, alors que l'Afrique est chasse gardée de notre président, le Bokassa gaulois. Nicolas quitte ses fonctions en mars 2007 pour se consacrer à la campagne présidentielle qui ne sera faite que d'expressions savamment pensées comme « la rupture tranquille » et « l'ordre en mouvement ». Diabolisé de bonne guerre par la gauche, il ne rencontre pas vraiment de rival puisque c'est la Jeanne d'Arc du Poitou, Ségolène Royal, qui a revêtu la toge de sainte des causes perdues.

Mister president

Le 6 mai, Sarko est élu avec 53 % des suffrages. C'est la grosse branlée pour la gauche, Sarkozy représente l'espoir en un monde nouveau. Le soir même, un grand banquet est organisé dans une taverne

des Champs-Élysées. Gilbert Montagné, Christian Clavier, Doc Gyneco, Faudel et Didier Barbelivien sont là. Même Johnny est revenu de son exil fiscal les bras chargés de billets verts à réinvestir dans le royaume, rassuré par les cadeaux fiscaux promis par le candidat. Si Cécilia a omis d'aller déposer son bulletin dans l'urne dans la matinée, elle n'a pas lésiné sur les moyens en début de soirée, puisque le « candidat du peuple » fête sa victoire au Fouquet's. Dans la nuit noire, la limousine présidentielle se dirige vers la Concorde. Cécilia suit, mais semble ne pas être là. Elle n'est pas maquillée, on l'a sortie du lit pour lui annoncer la nouvelle et elle s'ennuie déjà de devoir serrer les mains à une brochette de *has been* ou de *has never been*, d'Enrico Macias à Miss Dominique en passant par Jeane Manson. Pour se reposer d'une campagne éreintante, Cécilia et Nico se payent quelques vacances en famille sur La Paloma, barque de luxe de Vincent Bolloré, baptisée ainsi en hommage à Mireille Mathieu, elle aussi présente le soir de la victoire pour entonner « La marseillaise » et « Mille colombes ». Si l'idée saugrenue vous venait de faire pareil, cela vous coûterait la broutille d'environ 150 000 euros.

Après avoir bouté Chirac hors de l'Élysée, le frais président s'en va rendre hommage à Guy Môquet, puis passer la nuit avec la chancelière allemande Angela Merkel. Le jour de son investiture, Sarkozy donne à voir un bonheur familial exemplaire. En réalité, il n'en est rien ; la crise est larvée. Devenir Première dame de France, Cécilia s'en balance. Le seul truc sympa selon elle, c'est que ce jour-là elle peut se déguiser en Jackie Kennedy... À la mi-mai, Nicolas nomme François Fillon Premier ministre, et les deux hommes mettent au point un gouvernement ramassé s'ouvrant à diverses personnalités de gauche, du centre droit et de la société civile : pêle-mêle Rachida Dati le fantôme du Park Hyatt, Éric Besson le traître économe, Valérie Pécresse la Ségolène de droite, Bernard Kouchner le bossu rizicole, le troisième mi-temps Bernard Laporte, et le duo le plus improbable depuis Élie et Dieudonné, Fadela Amara et Christine Boutin. Alain Juppé est nommé ministre de l'Écologie, mais n'est pas recyclé lorsqu'il perd les élections législatives. Dans la foulée, le nouveau président de la République reçoit son ex-rivale Ségolène Royal lui offre quelques chocolats alors qu'on sait bien qu'elle ne mange que des Special K et des pamplemousses, s'enquiert de sa (petite) santé et lui fait remarquer sa (grosse) montre. Pour finir de terrasser la gauche, il propose la candidature de Dominique Strauss-Kahn à la présidence du FMI. Envoyé à New York s'éclater sur le dancefloor monétaire international, l'économiste peu économe ne risque pas de revenir trop tôt mettre son nez dans les histoires franco-françaises.

Le travail, c'est la santé

Dès lors, un seul objectif pour Nicolas : remettre la France au travail et bâillonner les fêtards. Pour avoir une belle vie, il faudra désormais se lever tôt, prendre dix minutes pour déjeuner devant son ordinateur, et faire des heures supplémentaires pendant que le président de la République imposera les mains sur les lépreux, c'est bien compris ? Sarko ne parle que de « l'urgence des réformes » et de sa « politique de civilisation », un concept vaporeux emprunté au sociologue Edgar Morin. Cette politique commence par civiliser Jean-Marie Bigard en l'amenant au Vatican serrer la pince au pape et se poursuit en inculquant à son peuple les bonnes manières. Enfin là, quelques progrès sont à espérer. En effet, il ne faut surtout pas nous l'énerver, notre Nicolas, sinon il part au quart de tour. Chez les marins bretons, il n'hésite pas à se la jouer racaille en répondant dans des termes peu présidentiels aux invectives d'un pêcheur le traitant de sodomite. De même, dans un bain de foule quelques semaines plus tard, il répond du tac au tac *« Casse-toi, alors, pauvre con »* à un monsieur d'un certain âge qui s'était senti agressé à son contact et lui avait éructé *« Touche-moi pas, tu me salis. »* Après ça, qui osera dire qu'il ne faut pas investir dans l'enseignement et la recherche, ne serait-ce que pour le sauvetage des règles de la conjugaison française ?

Pour l'heure, chacun s'assoit sur ce qu'il peut : les fonctionnaires de la RATP sur leurs régimes spéciaux, les taxis sur leur temps de repos, Rachida sur son nouvel ensemble Dior et Fadela sur ses convictions. Pour fêter l'événement, Nicolas s'offre une nouvelle rémunération « transparente », rompant avec la fourbe opacité de ses prédécesseurs et en profite pour jouer le cleptomane de stylos lors des signatures de traités officiels à l'étranger. Il s'amuse comme un petit fou avec ses nouveaux amis, regarde *Derrick* avec Angela, se prend une cuite mémorable avec Poutine – lui qui pourtant ne boit jamais –, devient hilare avec Tony et rêve de conquête de l'Ouest avec Huckleberry Finn.

Accusé très injustement de démanteler la fonction présidentielle et d'en faire toujours trop, Sarko décide de remplacer son tube de Guronsan par des infusions à la verveine et au magnésium. Il annonce, *via* un communiqué officiel de l'Élysée daté du 16 octobre 2007, sa « séparation par consentement mutuel » d'avec Cécilia. Enfin, la comédie peut stopper. Pour autant, la famille se porte bien. Les filles doivent faire face à la disparition de leur père, Jacques Martin, échoué dans un palace biarrot. Pierre Sarkozy, sous le nom de Mosey, tente de s'intégrer en tant que producteur de rap. Quant à Jeannot Sarkozy, dit Boucle d'or – nettement moins discret que son frère, mais copie conforme de son père –, il éjecte David Martinon de Neuilly pour s'installer comme le digne successeur de papa dans les affaires de la ville. De la graine de politicard, on vous dit !

À part ça, Nicolas se place en défenseur sans frontières de la cause féminine et tente de faire libérer Ingrid Betancourt, otage des FARC dans la jungle colombienne et heureusement libérée depuis. Quant à Cécilia, elle était allée chercher les infirmières bulgares prisonnières en Libye, son époux d'alors ayant promis en échange au colonel Khadafi un voyage tous frais payés en France et une vingtaine de places de cinéma. La France s'insurge... Le dictateur gourou est reçu en décembre 2007 avec tous les honneurs, fait du camping dans les jardins de l'hôtel Marigny, pollue la capitale avec ses grandes routières immaculées, et pousse le vice jusqu'à se rendre à Versailles et au sein même de l'Unesco ! Évidemment, Rama Yade ne peut pas s'empêcher de l'ouvrir en évoquant les droits de l'homme, sujet aussi délicat pour Khadafi que de parler à Madonna de son fils adoptif. Au nom des milliards d'euros de contrats signés, Nico demande à la sémillante jeune femme de modérer ses propos. Le Gouvernement défend déjà l'idée d'un traité simplifié entre les pays européens et ne souhaite pas l'entrée de la Turquie dans la cour des grands. Inutile d'en rajouter... d'autant plus que Sarkozy s'apprête à tourner un remake du clip de Johnny « Allumer le feu » à Villiers-le-Bel. Toutes ces réformes trouvent un écho plutôt défavorable du côté de l'ultra gauche – les socialistes étant bien trop occupés à se faire beaux pour de prochaines échéances sans vraiment réfléchir à la raison de leur défaite – avec laquelle il s'amuse tour à tour : l'intermittent Augustin Legrand et les enfants de Don Quichotte, les anti-OGM, Olivier Besancenot, le facteur fan de NTM qui bat des records d'audience chez Michel Drucker, Josiane Balasko ou le célèbre journaliste révolutionnaire Jean-Pierre Pernaut.

César & Cléopâtre

Mais au bout du compte, peu importe la faillite du royaume puisque le chevalier Sarko a retrouvé une princesse qui, en plus de lui redonner confiance en lui, semble l'apaiser. En effet, durant les fêtes de Noël, Nicolas se montre à Eurodisney avec la chanteuse et ex-top model Carla Bruni, égérie bobo toute refaite qui a la guitare qui la démange. Le 8 janvier 2008, le président accueille 500 journalistes pour une conférence de presse où il fait son show, le sourire aux lèvres. Il évoque à la fois son action politique, notamment les mesures qu'il compte mettre en œuvre pour le pouvoir d'achat, et sa vie privée. Car en réalité, une seule chose intéresse les Français. Carla a-t-elle fait l'amour avec Nicolas dans la piscine ? Si vous pensez que oui, tapez 1. Si vous le souhaitez, tapez 2. Si votre feuille d'impôt n'est toujours pas arrivée au 26 mai, tapez 3.

Sans attendre, ils se marient le 2 février 2008. Après avoir fait le tour des momies (*ndle* : gravi les pyramides d'Égypte et réalisé une parfaite génuflexion devant la Reine d'Angleterre), Nicolas et Carla sont retournés au travail. L'un continue à détester son Premier ministre, l'autre met la touche finale à son troisième album, dont on raconte qu'il s'arrache déjà au marché noir. C'est quelqu'un qui l'a dit, et ça ne se discute pas. Mais, peuple de France, sois confiant. Les rênes du royaume sont en de bonnes mains : Nicolas a décoré Céline Dion de la Légion d'honneur en mai dernier. •

Ce manuel contient un grand nombre de sortilèges maléfiques, concoctés avec amour par le prêtre vaudou de renommée internationale Yaël Rolognese. Afin de vous aider à planter vos aiguilles à bon escient, voici quelques clés.

170 % – C'est le pourcentage d'augmentation annoncé par la plupart des médias pour la rémunération du Président (si on veut être casse-bonbons, on peut souligner qu'on n'a jamais vraiment bien su combien gagnaient les prédécesseurs et que la méthode de calcul est pourrie comme une planche). Cependant, si vous pensez que seul le réchauffement climatique pourra un jour dégeler votre salaire dans ces proportions, utilisez ce sort.

Casse-toi, pauvre con ! – Si la foule bigarrée du Salon de l'Agriculture vous est plutôt sympathique et si vous trouvez que Nicolas est définitivement soupe-au-lait, piquez ici.

Travailler plus pour gagner plus – Génial, avec toutes les heures sup que vous oblige à faire votre boss, votre salaire comporte enfin quatre chiffres ! Mais votre moitié profite de votre absence pour s'organiser des cinq à sept crapuleux et la dernière fois que vous avez vu vos enfants, c'était à la télé en train de cramer des voitures. Si vous trouvez que tout cela n'est pas forcément le meilleur moyen pour être heureux, lâchez-vous ici.

Immigration choisie – Dans un monde parfait, on n'ouvrirait nos frontières qu'à des étudiantes suédoises à la poitrine rebondie et des mâles blonds musculeux et ingénieurs. Mais vous savez bien que ce n'est pas très sérieux, voyons... Piquez ici.

Racaille – Si votre voisin vous regarde d'un œil torve à chaque fois que vous passez un coup de nettoyeur haute pression sur les dalles de votre terrasse, ce sort est pour vous !

Ouverture – Vous êtes de gauche et il vous a piqué Bernard Kouchner et Jack Lang. Vous êtes de droite et il vous a piqué votre poste de ministre. À votre tour de piquer.

Vol de stylo – Vous qui avez été convoqué chez le DRH de votre boîte le jour où vous avez subtilisé un Bic bleu dans l'armoire à fournitures, vous n'admettez pas que certains « empruntent » des Montblanc impunément. Réparez cette injustice en piquant ici.

Tests ADN – Si pour vous, un test ADN ne doit servir qu'à envoyer des meurtriers sur la chaise électrique dans les séries américaines, ce sort est tout indiqué.

Textos – Si les gens qui composent des SMS en conduisant leur voiture vous agacent, ceux qui le font en assistant à des conférences internationales vous sortent par les yeux. Allez-y, c'est là.

Tu l'aimes ou tu la quittes – Qu'il s'agisse de votre pays, de votre belle-mère ou de la table, vous trouvez cette alternative quelque peu radicale ? Allez-y, piquez !

Vodka – Certes, il n'est pas facile de battre un Russe à un concours de boisson. Mais quand on raconte à qui veut l'entendre qu'on ne boit jamais d'alcool, c'est plus rigolo ! Plantez votre aiguille ici.

Pouvoir d'achat – C'est vrai que vous économisez beaucoup d'argent, depuis que vous visitez tous les soirs les poubelles du Monoprix. Comme ça, vous pouvez vous permettre d'emmener vos enfants à l'école en voiture quand c'est leur anniversaire. Piquez donc ici.

Fouquet's – Vous trouvez curieux d'inviter ses amis riches dans un endroit luxueux quand on vient d'être élu par le bon peuple qui meurt de faim dans le caniveau ? Vous n'avez pas d'amis riches ; vous ne pouvez pas comprendre. Essayez quand même ce sort.

Rupture – Si depuis le 6 mai 2007, c'est celle d'anévrisme qui vous guette, piquez ici.

Paquet fiscal – Votre boss est content ; les impôts viennent de lui faire un chèque de 30 000 euros. Comme il paraît que c'est pour relancer la consommation, il va pouvoir s'acheter une voiture allemande et un écran plasma chinois. À moins qu'il ne rachète des actions de la boîte, qu'il transmettra à ses enfants sans rien payer à l'État… Et vous, là-dedans ? Piquez ici.

Talonnettes – Si vous pensez que ce qui est bon pour Michel Sardou n'est pas forcément bon pour la France, piquez donc.

Réformes – Si vous pensez qu'être réformé ne vaut la peine que quand il s'agit du service militaire, plantez votre aiguille ici.

Khadafi – C'est bien la peine d'être invité dans un palace si c'est pour planter sa tente dans le jardin. Si encore ça avait été une yourte (bulgare). Il faut piquer ici, si je lis bien.

Service minimum – C'est bête, les seuls jours où les gens se parlaient sur le quai du métro, c'est quand il y avait grève. Et ce fameux lundi noir où vous aviez pris en stop un(e) charmant(e) piéton(ne) en détresse, quel souvenir ! Si vous pensez que le service minimum brise le lien social, c'est là qu'il faut piquer.

Scooter – Si vous avez trouvé que ce n'était pas la peine de faire venir *Les Experts* pour retrouver le scooter du fils du ministre-maire de Neuilly et que Navarro aurait fait l'affaire, essayez ce sort.

Turquie – Si vous pensez que la Turquie a sa place en Europe parce qu'au moins, elle a réussi à accéder aux quarts de finale de l'Euro 2008, ce qui n'est pas le cas de tout le monde, piquez là.

Tom Cruise – Bien sûr, qu'on peut inviter des personnes de petite taille au ministère des Finances ! Qu'est-ce que vous pouvez être sectaire ! Ne vous gênez pas, piquez ici !

Mireille Mathieu – Si vous trouvez que l'interprétation de *La Marseillaise* par l'Édith Piaf du pauvre lui vaudrait assurément les molestations du jury de la « Nouvelle star », c'est ici qu'il faut piquer.

Bigard – Pierre Desproges disparu, c'est à Jean-Marie Bigard qu'a été confiée la lourde tâche de représenter l'humour français auprès des instances vaticanes. Vous avez le droit de piquer ici.

Publicité – La suppression de la publicité sur France Télévision après 20 heures, quel bonheur ! Des programmes de haute qualité à des horaires décents, une direction de l'information indépendante, des actionnaires de TF1 ravis. Que demande le peuple ? Essayez tout de même ce sort.

Yacht – Vous avez détesté votre stage de voile l'été dernier au Guilvinec, alors ce n'est pas un yacht de 60 mètres qui va vous donner le pied marin. Descendez à terre et piquez ici.